Faszinierende Dekoration aus Drahtgitter

Ulrike Kandt

Herbstliche Koffertasche

Material

- verzinktes Drahtgitter, 50 cm x 1 m
- verzinkter Bindedraht, Ø 0,35 mm
- grüner Papier-Deko-Draht, Ø 2 mm, 6 m lang
- kariertes Schleifenband, 4 cm breit, 1,70 m lang
- dunkelgrüne Sisalwolle
- Steckzwiebeln: braun, rot
- künstliche Lianen
- Silberflechte
- naturfarbener Bast
- Birkenrinde
- Moos
- braunes Islandmoos
- kleine Steine
- 2 kleine Tontöpfe, Ø ca. 3,5 cm
- Deko-Figur

Zuschnitt des Drahtgitters

- Boden, 9 x 19 Kästchen
- Vorder- und Rückseite, je 19 x 28 Kästchen
- 2 Seitenteile, je 9 x 27 Kästchen
- 2 Ausschnitt-Innenwände, je 9 x 18 Kästchen
- Ausschnitt-Abdeckung, unten bzw. oben, je 9 x 9 Kästchen
- obere Abdeckung, 3 x 19 Kästchen
- 2 Tragegriff-Streifen, je 3 x 23 Kästchen

Auf der Vorderseite ringsherum fünf Kästchen-Reihen stehen lassen, die restlichen Kästchen als Öffnung herausschneiden. Die Einzelteile zusammenfügen (siehe Grundanleitung Seite 4-5). Zunächst die Vorder- und Rückseite mit dem Papier-Deko-Draht am Boden befestigen. Danach die Seitenteile ansetzen und ebenfalls mit dem Boden verbinden. Die oberen fünf Kästchen-Reihen der Vorder- bzw. Rückseite leicht zur Mitte wölben, dann die senkrechten Nähte mit dem Papier-Deko-Draht schließen. Dabei die letzten drei Kästchen-Reihen der Seitenteile beidseitig leicht im Bogen annähen. Überstehendes Drahtgitter knapp abschneiden und die Spitzen umbiegen. Die Innenwände des Ausschnittes mit Bindedraht an Vorder- bzw. Rückseite befestigen. Jetzt die obere Ausschnitt-Abdeckung einfügen und ebenfalls verdrahten. Für einen besseren Stand den Taschenboden mit Sisalwolle und einigen kleinen Steinen befüllen. Die untere Ausschnitt-Abdeckung mit Bindedraht vierseitig befestigen. Anschließend die Koffertasche schichtweise mit braunen Steckzwiebeln, Islandmoos sowie Silberflechte füllen. Als Abschluss Sisalwolle und rote Steckzwiebeln einlegen und die Öffnung mit der oberen Abdeckung (3 x 19 Kästchen) verschließen. Die doppelt gelegten Tragegriff-Streifen mit dem Papier-Deko-Draht umwickeln und deren Ober- bzw. Unterseite mit Schleifenband bekleben. Nun den Griff an der Koffertasche befestigen. Aus dem restlichen Band eine Schleife binden, mit Bast unterlegen und an der Koffertasche fixieren. Die an Bastfäden gebundenen Tontöpfe und Lianen in die Mitte der Schleife setzen und herunterhängen lassen. Den Ausschnittboden bzw. -rand mit Moos auskleiden, etwas Birkenrinde und Silberflechte anbringen sowie eine Deko-Figur hineinstellen.

(Abb. siehe Seite 1 und Titelseite)

Vorwort

Drahtgitter, ein faszinierendes Material, aus dem sich Dekorationen für das eigene Heim oder willkommene Geschenke auf einfachste Weise fertigen lassen. Sie werden überrascht sein wie leicht es ist, die hier gezeigten Modelle nachzuarbeiten. Das benötigte Material finden Sie in gut sortierten Bastelgeschäften. Je nach Jahreszeit oder persönlichem Geschmack können die in diesem Buch verwendeten Deko-Materialien beliebig ausgetauscht oder anders kombiniert werden. Lassen Sie sich inspirieren und Ihrer Kreativität freien Lauf. Probieren Sie das leicht zu verarbeitende Material doch einfach einmal aus. Sie werden bestimmt ebenso begeistert sein wie meine Kursteilnehmer, die ich seit Jahren an Volkshochschulen bzw. in Workshops unterrichte.

Gutes Gelingen und viel Spaß wünscht Ihnen

Ulrike Kandt

Ulrike Kandt

Ein besonderer Dank

An dieser Stelle möchte ich mich bei Herrn René Hennig für die hilfreiche Unterstützung bedanken.

Material & Werkzeug

- **verzinktes Drahtgitter, 0,65 mm oder 0,8 mm, Kästchengröße 12,7 x 12,7 mm**
- **Seitenschneider**
- **Stopfholz oder Kochlöffel**
- **Füll- und Dekomaterial**

Bastelschere

Rundzange

Heißklebepistole

verzinkter Bindedraht, Ø ca. 0,35 mm
Papier-Deko-Draht, Ø 2 mm,
Drahtkordel, Ø ca. 2 mm

Geschenk-Papierband,
Schleifenband

So wird 's gemacht!

Im Überblick

Nachfolgende Tabelle gibt an wie viel mittlere Drahtgitter-Kästchen zur Fertigung unterschiedlicher Sterngrößen herausgeschnitten werden müssen.

Drahtgitter-Stücke in Kästchen	**Anzahl der herauszuschneidenden Kästchen**	**Drahtgitterstücke in cm**
7 x 7	2	ca. 9 x 9
9 x 9	3	ca. 11,5 x 11,5
11 x 11	4	ca. 14 x 14
13 x 13	4	ca. 16,5 x 16,5
15 x 15	5	ca. 19 x 19
17 x 17	5	ca. 22,5 x 22,5
19 x 19	6	ca. 24 x 24
21 x 21	7	ca. 26,5 x 26,5
23 x 23	7	ca. 29 x 29
25 x 25	8	ca. 31,5 x 31,5
27 x 27	8	ca. 34 x 34
29 x 29	9	ca. 36,5 x 36,5
31 x 31	10	ca. 39 x 39
33 x 33	10	ca. 41,5 x 41,5
35 x 35	11	ca. 44 x 44
37 x 37	12	ca. 46,5 x 46,5
39 x 39	12	ca. 49 x 49

Pro Stern benötigen Sie immer zwei Drahtgitter-Stücke der gleichen Größe.

Wissenswertes zur Verarbeitung

Verzinktes Drahtgitter, Stärke 0,65 oder 0,8 mm lässt sich leicht schneiden und problemlos formen. Achten Sie darauf, den Draht möglichst nah an den Verbindungspunkten der Kästchen zu durchtrennen, um sich später nicht an den Spitzen zu verletzen. Hierfür verwenden Sie den Seitenschneider. Die Maße für die einzelnen Drahtgitter-Teile sind in den Anleitungen in Kästchen angegeben und können leicht ausgezählt werden. Die Einzelteile werden überwendlich (siehe Skizze) zusammengebunden.

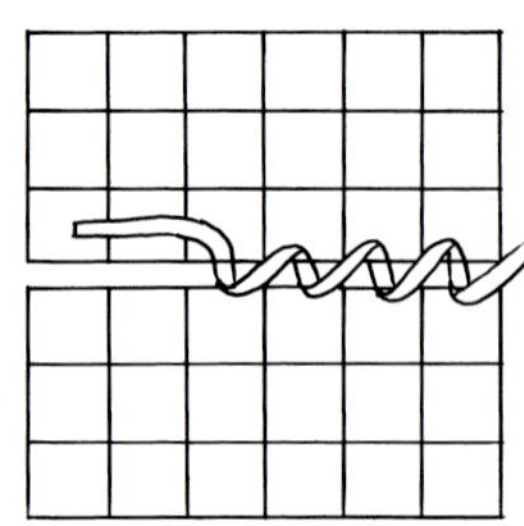

Zur Verwendung kommen hierbei entweder ein verzinkter Bindedraht oder eine dünne Drahtkordel bzw. schmales Schleifenband. Es wird in der Regel für das Bindematerial die ca. 1,5fache Länge der zusammenzufügenden Zuschnitte benötigt. Die Längenangaben in den einzelnen Anleitungen können dabei leicht variieren, je nachdem wie straff oder locker angezogen wird.

Für die Stabilität genügt es in den meisten Fällen, beim Zusammenfügen der Teile durch je-

des Drahtgitter-Kästchen nur einmal zu fädeln. Sehr lange Strecken sollten in kürzeren Etappen gearbeitet werden, damit sich das Bindematerial nicht zu stark verdreht (besonders wichtig bei der Verwendung einer Drahtkordel). Anfang und Ende können verknotet oder mit Heißkleber fixiert und später bei Bedarf durch Dekoration kaschiert werden. Auch kann die Reihenfolge des Aufbaus verändert werden. Sie kommen immer zum gleichen Ergebnis.

Rundungen

Einige Modelle haben eine gewölbte Form (siehe Schuh- oder Stiefelspitze Seite 16/17/18 und 30/31). Die Einzelteile zunächst gerade zusammenbinden, später von Hand rund ausformen. Kanten (z. B. obere und untere Ecken der Stiefelspitze) mit der Rundzange nach oben eindrehen. Um eine schöne Fersen-Rundung zu erhalten, starten Sie die Befestigung des Schaftes hinten mittig an der Sohle und arbeiten gleichmäßig zu den Seiten weg. Die Seiten der Tragetaschen leicht nach innen zu einer Falte zusammendrücken.

Füll- und Deko-Material

Hier ist Ihre Kreativität gefragt. Lassen Sie Ihre Phantasie spielen und gestalten Sie die Modelle in diesem Buch der Jahreszeit entsprechend immer wieder um. Deko-Materialien können beliebig ausgetauscht werden. Sisalwolle als Füllmaterial erhalten Sie in einer breiten Farbpalette. Um bei den Modellen der Größe L bzw. XL den Verbrauch zu reduzieren, können Sie auch geknülltes Papier oder eine Papprolle verdeckt einarbeiten.

Als Abschluss für Öffnungen eignen sich gut Steckziegel, die gleichzeitig eine Klebefläche für weitere Dekoteile liefern. Auch Holzwolle, Moos, kleine Steckzwiebeln, Zweige, Zapfen, Kastanien, Eicheln, Nüsse, Baumrinde, Duftpotpourris und vieles mehr können als Füllmaterial verwendet werden. Farbige Akzente setzen Schleifenband, Deko-Draht, hübsche Accessoires wie Blütengirlanden, kleine Gießkannen, Eimer sowie farbige Pflanzgefäße etc. Stöbern Sie doch einfach mal in den Geschäften oder sammeln Sie Naturmaterial beim Waldspaziergang. Auch der eigene Bastelfundus hält vielleicht einiges zur Dekoration bereit.

Adventssterne

Grundanleitung

Ausgehend von zwei quadratischen Stücken das Drahtgitter bei allen Sternen in Kästchen auszählen. Deren Anzahl ist immer ungerade. Jeder Stern besteht aus zwei Hälften. Diese separat fertigen und anschließend aufeinander binden. Bitte beachten Sie auch die Maßtabelle auf Seite 4.

Tipp: Um sich mit der Arbeitstechnik der Sterne vertraut zu machen hat sich als Einstiegsmodell ein Stern aus Drahtgitter-Stücken in der Größe von je 19 x 19 Kästchen bewährt (siehe Seite 33).

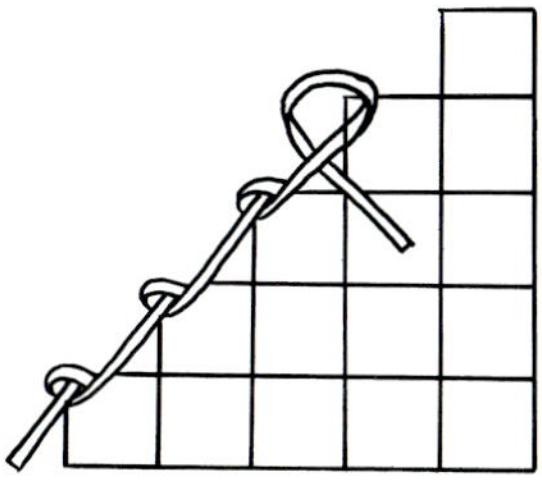

Skizze für das Umwickeln der stufenartigen Seitenteile (z. B. Korb auf S. 21)

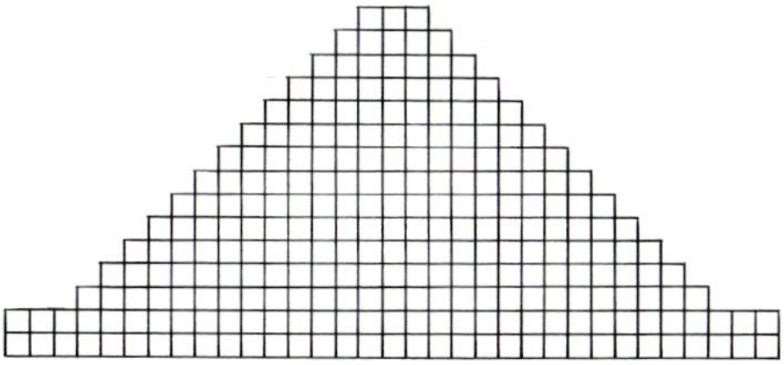

Skizze für das stufenartige Schneiden der Seitenteile

Laterne mit Dachbogen

Material

- verzinktes Drahtgitter, 50 x 45 cm
- grüner Papier-Deko-Draht, Ø 2 mm, 7 m lang
- Rosengirlande, 1,70 m lang
- 2 Drähte, Ø ca. 1 mm, je ca. 35 cm lang
- Duftpotpourri
- grünes Islandmoos
- Deko-Gießkanne
- 2 Zimtstangen
- naturfarbener Papier-Deko-Draht, Ø ca. 0,8 mm
- Teelichtglas

Zuschnitt des Drahtgitters

- Boden, 14 x 14 Kästchen
- 4 Eckstreifen, je 4 x19 Kästchen
- 8 waagerechte Seitenstreifen, je 2 x 14 Kästchen
- gewölbtes Dach, 14 x 19 Kästchen
- 2 gerade Dachseiten, je 5 x 14 Kästchen

Die vier Streifen für die Ecken der Laterne in der Höhe leicht zur Hälfte knicken. Nun mit dem grünen Papier-Deko-Draht die vier waagerechten Seitenstreifen am Boden befestigen (siehe Grundanleitung Seite 4-5). Dabei gleichzeitg die vier Eckstreifen außen liegend am Boden andrahten. Die restlichen Seitenstreifen oben innen liegend ansetzen und in einem Arbeitsgang mit dem gewölbten Dach sowie dessen geraden Seiten zusammennähen. Die überstehenden Ecken der Dachseiten zum Dach hin umbiegen.

Zwei Drähte miteinander verdrehen und als Griff an der Laterne befestigen. Auf dem Laternenboden das Duftpotpourri verteilen, in die Mitte ein Teelichtglas stellen. Die Rosengirlande jeweils über Kreuz vor drei Öffnungen kleben. Den naturfarbenen Papier-Deko-Draht am Griff anbinden und beliebig um die Laterne winden.

Seitlich an einer Öffnung die Deko-Gießkanne fixieren. Die Zimtstangen in kurze Stücke brechen, mit Islandmoos unterlegen und auf die Ecken der Öffnungen setzen.

Tipp!

Ein Bekleben der Unterseite des Laternen-Bodens mit einen Stück Jutestoff oder Filz verhindert das Durchfallen kleinerer Teile des Duftpotpourris.

Duftige Tasche

Material

- verzinktes Drahtgitter, 50 x 80 cm
- verzinkter Bindedraht, Ø ca. 0,35 mm
- hellgrünes Geschenk-Papierband, 2,5 m lang
- Kokoskordel, 80 cm lang
- 2 naturfarbene Bastfäden
- 2 Drähte, Ø ca. 1mm, je ca. 30 cm lang
- dunkelgrüne Sisalwolle
- Steckzwiebeln
- Blattgirlande
- künstliche Lianen
- Baumrinde
- kleine Astscheiben
- Silberflechte
- Deko-Gießkanne
- Pflanzgefäß
- Strauß apricotfarbene Mingrosen
- getrocknete Grasblütenstände

Zuschnitt des Drahtgitters

- Boden, 10 x 20 Kästchen
- Vorder- und Rückseite, je 20 x 25 Kästchen
- 2 Seitenteile, je 10 x 25 Kästchen

Zunächst Vorder- und Rückseite am Taschenboden befestigen. Danach die beiden Seitenteile zwischenfassen, mit dem Boden verbinden und in der Höhe mit der Vorder- bzw. Rückseite zusammennähen (siehe Skizze Seite 4-5). Für die nach oben aufgerollte Lasche einen dreiseitigen Ausschnitt von 12 Kästchen in der Breite und Höhe anfertigen. **Achtung:** 11mal schneiden ergibt 12 Kästchen. Unten sowie an den beiden Seiten bleiben je vier Kästchen-Reihen stehen. Abstehende Drähte entfernen. Anschließend die Lasche nach oben aufrollen und mit Sisalwolle füllen. Nun die drei Seiten der Öffnung mit Geschenk-Papierband umwickeln. Die Tragetasche in Form drücken.

Aus den zwei Drähten Griffe biegen, an der Tasche befestigen und mit der Kokoskordel sowie je einem Bastfaden umwickeln. Danach den Taschenboden mit Sisalwolle auslegen und ein Pflanzgefäß hineinsetzen. Aus dem aufgedrehten Geschenk-Papierband eine Schleife binden, an der Tasche fixieren und mit Sisalwolle sowie kleinen Astscheiben dekorieren. Auf der Rolle Baumrinde, Astscheiben und Steckzwiebeln platzieren. Vom Griffende die Blattgirlande sowie die Lianen herunterhängen lassen. Die Deko-Gießkanne auf den unteren Ausschnittrand setzen und etwas Silberflechte anbringen.

Tipp!

Ein dickeres Rundholz o. Ä. erleichtert das Aufrollen der Lasche.

Pflanzzeit

Pflanzquartett

Material

- verzinktes Drahtgitter, 50 x 55 cm
- verzinkter Bindedraht, Ø ca. 0,35 mm
- oranger Papier-Deko-Draht, Ø 2 mm, 5 m lang
- Kokoskordel, 3,5 m lang
- kariertes Schleifenband, 4 cm breit, 3 m lang
- orange Sisalwolle
- Steckzwiebeln
- künstliche Lianen
- braunes Islandmoos
- 4 kleine Tontöpfe, Ø ca. 3,5 cm
- Deko-Figur
- 4 Pflanzgefäße
- künstliche Beeren- und Blumensträußchen

Zuschnitt des Drahtgitters

Je Einzelkasten:

- Boden, 9 x 9 Kästchen
- 4 Seitenteile, je 7 x 9 Kästchen

Alle Kästen einzeln fertigen.

Zuerst die vier Seitenteile mit Bindedraht am Boden befestigen. Dann die offenen Wände schließen (siehe Grundanleitung Seite 4-5). Hierfür den Papier-Deko-Draht verwenden. Nun mittig um die Kästen je einen Streifen Schleifenband kleben. Auf den oberen Rand jeweils die Kokoskordel legen und mit Bindedraht umwickeln. Vom restlichen Schleifenband vier Stücke mit einer Länge von je ca. 15 cm abschneiden. Die Kästen damit oben mittig zusammenkleben. Am unteren Rand die Kokoskordel um alle vier Kästen legen und mit Heißkleber anbringen. Für eine größere Stabilität die Kästen zusätzlich auf der Unterseite miteinander verbinden. Die Lianen sowie den Papier-Deko-Draht am oberen Rand befestigen, in Runden um die Kästen legen, festkleben und mit braunem Islandmoos schmücken. Kleine Tontöpfe mit Steckzwiebeln füllen und vor die Zwischenräume kleben. Die Kästen mit etwas Sisalwolle auslegen und vier Pflanzgefäße einsetzen. Eine lustige Deko-Figur, in der Mitte platziert, rundet das Ganze ab.

Kleine Laterne

(Material und Drahtgitterzuschnitt S. 12)

Zunächst die Streifen für die Ecken der Laterne in der Höhe leicht zur Hälfte knicken. Danach diese mit dem Papier-Deko-Draht an den Ecken des Bodens befestigen. Das Dach auflegen und ebenfalls mit den Eckstreifen verbinden. Um die Ausschnitt-Kanten den Papier-Deko-Draht wickeln. Nun das Satinband senkrecht in die Kästchen-Reihen der Eckstreifen einflechten und fixieren. Für den Laternenaufsatz die Seiten mit Bindedraht zusammenfügen und mittig aufs Dach setzen. Den Draht halbieren, verdrehen und als Griff am Aufsatz befestigen. Jetzt den Laternenboden mit etwas Sisalwolle auslegen und mittig das Teelichtglas hineinsetzen. Den Boden weiter auskleiden mit kleinen Tontöpfen, Zapfen, etwas Islandmoos, Silberflechte und zwei Blüten. Auf die Ecken des Daches Islandmoos mit Blüten und kleinen Astscheiben dekorieren. Zum Schluss je zwei Zimtstangen kreuzweise vor drei Öffnungen kleben. Die vierte frei lassen, um jederzeit das Glas herausnehmen zu können.

Tipp: Laternen lassen sich auf vielfältige Weise leicht fertigen. Durch kleine Varianten wie z. B. doppeltem Boden oder geradem bzw. gewölbtem Dach, verändert sich stets ihr Erscheinungsbild.

Nudel-Tablett

Material

- verzinktes Drahtgitter, 50 x 50 cm
- verzinkter Bindedraht, Ø ca. 0,35 mm
- oranger Papier-Deko-Draht, Ø 2 mm, 8 m lang
- oranges Schleifenband, ca. 1,2 cm breit, 80 cm lang
- orange Sisalwolle
- bunte Nudeln, ca. 500 g
- 2 getrocknete Zitronenscheiben
- künstlicher Orangenzweig
- grünes Islandmoos
- 2 Pflanzgefäße

Zuschnitt des Drahtgitters

- Boden und Deckplatte, je 15 x 26 Kästchen
- 2 lange Seiten, je 3 x 26 Kästchen
- 2 kurze Seiten, je 3 x 15 Kästchen
- 8 Ausschnitt-Innenwände, je 3 x 7 Kästchen

Zunächst zwei quadratische Flächen aus der Deckplatte schneiden. Hierfür an allen Seiten je vier Kästchen-Reihen stehen lassen, je sieben Kästchen ausschneiden. **Achtung:** sechsmal schneiden ergibt sieben Kästchen. Zwischen den Öffnungen verbleiben vier Kästchen. Nun die Innenwände der Ausschnitte mit dem Papier-Deko-Draht annähen und untereinander mit Bindedraht zusammenfügen. Die zwei langen bzw. zwei kurzen Seitenteile an der Deckplatte mit dem Papier-Deko-Draht befestigen. Danach die offenen Kanten schließen. Das Schleifenband in die mittlere Kästchen-Reihe der Seiten einziehen, dabei Anfang und Ende festkleben. Das Tablett umdrehen und mit Nudeln füllen. Als Abschluss etwas Sisalwolle verteilen. Nun die Bodenplatte auflegen und ringsherum mit dem Papier-Deko-Draht befestigen. Die Innenwände der Ausschnitte am Boden festdrahten. Aus je sechs Stücken des Papier-Deko-Drahtes zwei Zöpfe flechten und rechts bzw. links als Griffe an das Tablett setzen. An einer Ecke des Tablettes den Orangenzweig und ein wenig Islandmoos fixieren sowie die Zitronenscheiben aufkleben. Abschließend eine Schleife binden, mit Orangenblättern, etwas Dschungelmoos und einer Frucht die gegenüberliegende Ecke dekorieren.

Kleine Laterne

(Abb. und Anleitung siehe S. 10/11)

Material

- verzinktes Drahtgitter, 50 x 30 cm
- verzinkter Bindedraht, Ø ca. 0,35 mm
- oranger Papier-Deko-Draht, Ø 2 mm, 4,5 m lang
- braunes Satinband, ca. 5 mm breit, 3 m lang
- 6 Zimtstangen, je ca. 19 cm lang
- Draht, Ø ca. 1 mm, 40 cm lang
- 2 kleine Tontöpfe, Ø ca. 1,5 cm
- kleine Blüten
- Zapfen
- Silberflechte
- braunes Islandmoos
- kleine Astscheiben
- naturfarbene Sisalwolle
- Teelichtglas

Zuschnitt des Drahtgitters

- Boden und Dach, je 10 x 10 Kästchen
- 4 Eckstreifen, je 4 x 12 Kästchen
- 5 Aufsatzseiten, je 4 x 4 Kästchen

Bitte Platz nehmen

Stuhl, ca. 50 cm hoch

Material

- verzinktes Drahtgitter, 50 cm x 1,10 m
- verzinkter Bindedraht, Ø ca. 0,35 mm
- naturfarbener Papier-Deko-Draht, Ø 2 mm, 5,5 m lang
- kariertes Schleifenband, 2,5 cm breit, 1 m lang
- Sisalwolle: hellgrün, dunkelbraun, ca. 150 g
- braunes Islandmoos
- naturfarbenes Dschungelmoos
- Silberflechte
- Trockengräser
- Blütengirlande
- Deko-Gießkanne
- Pflanzgefäß

Zuschnitt des Drahtgitters

- 2 lange Stuhlbeine, je 16 x 40 Kästchen
- 2 kurze Stuhlbeine, je 16 x 16 Kästchen
- Ober- bzw. Unterteil der Sitzfläche, je 16 x 16 Kästchen
- 4 Seitenstreifen für die Sitzfläche, je 2 x 16 Kästchen
- Rückenlehne, 10 x 16 Kästchen

Zunächst die Stuhlbeine mit einem Durchmesser von knapp drei Drahtgitter-Kästchen aufrollen. Die Nähte mit dem Papier-Deko-Draht schließen. Danach das Ober- bzw. Unterteil der Sitzfläche mit den Seitenstreifen zusammenbinden.

Für die langen Stuhlbeine aus den hinteren Ecken der Sitzfläche oben und unten jeweils ein Quadrat von drei mal drei Kästchen herausschneiden. Die gleichen Ausschnitte für die kurzen Stuhlbeine fertigen, jedoch nur aus den Ecken des Unterteils. Die vier Beine einsetzen und mit Bindedraht fest an der Sitzfläche oben und unten annähen. Dabei darauf achten, dass der Stuhl gerade und stabil steht.

Nun die Rückenlehne zwischen die hinteren Stuhlbeine setzen und mit Bindedraht befestigen. Danach diese beidseitig mit hellgrüner Sisalwolle bewickeln. In die Sitzfläche mittig eine Öffnung entsprechend der Pflanzgefäß-Größe schneiden und in den Hohlraum ebenfalls die hellgrüne Sisalwolle stopfen. Mithilfe eines Rundholzes oder Kochlöffels die Stuhlbeine mit der dunkelbraunen Sisalwolle füllen. Die Sitzfläche mit der Deko-Gießkanne, Steckzwiebeln, Moos und Trockengräsern dekorieren. An ein vorderes Stuhlbein etwas Dschungelmoos an das andere Silberflechte kleben. Ober- und Unterkante der Rückenlehne sowie die hinteren Beine mit Islandmoos schmücken. Künstliche Lianen und die Blütengirlande an der Oberkante der Rückenlehne fixieren und an diese eine gebundene Schleife befestigen.

Tipp!

Gut geeignet zum Aufrollen der Stuhlbeine ist wieder ein dickeres Rundholz (z. B. ein Besenstiel).

Herbstliches Ambiente

Korb

Material

- verzinktes Drahtgitter, 50 x 45 cm
- oranges Geschenk-Papierband, 10 m lang
- oranges Schleifenband, 2,5 cm breit, 1 m lang
- dunkelbraune Sisalfaser mit Draht, 2 m lang
- hellgrüne Sisalwolle
- Steckzwiebeln
- künstliche Lianen
- Baumrinde
- braunes Islandmoos
- Deko-Gießkanne
- 2 Pflanzgefäße

Zuschnitt des Drahtgitters

- Boden, 10 x 20 Kästchen
- 2 lange Seiten, je 8 x 20 Kästchen
- 2 kurze Seiten, je 8 x 10 Kästchen
- Bogen, 4 x 34 Kästchen

Zunächst die vier Seiten des Korbes mit dem Boden verbinden (siehe Grundanleitung Seite 4-5). Hierfür das Geschenk-Papierband verwenden. Danach die offenen Seitenteile schließen. Anschließend die Längsseiten des Bogens mit dem Geschenk-Papierband umwickeln. Ebenso die obere Kante des Korbes. Dabei gleichzeitig den Bogen rechts und links am Korb mit anbinden. Das Geschenk-Papierband ringsherum zweifädig durch die Kästchen-Reihen nach folgendem Muster einflechten:

- eine Reihe flechten, eine Reihe frei,
- eine Reihe flechten, zwei Reihen frei,
- eine Reihe flechten, eine Reihe frei,
- eine Reihe flechten.

Ebenfalls beim Bogen über die gesamte Länge das Geschenk-Papierband in die äußersten Kästchen-Reihen zweifädig einziehen. Auf die freiliegenden Kästchen-Reihen der Korbseiten oben und unten die Sisalfaser, in die Mitte das braune Islandmoos kleben. Die Ober- bzw. Unterseite des Bogens mit Baumrinden-Stücken sowie Islandmoos dekorieren und die Liane herumwinden. Für die zwei Pflanzgefäße den Boden des Korbes mit Sisalwolle auskleiden. Eine Schleife binden und an einem Ende des Bogens platzieren. Gegenüberliegend die Deko-Gießkanne sowie Steckzwiebeln anbringen.

Kleiner Herbststiefel

Größe S

(Anleitung siehe S. 18)

Material

- verzinktes Drahtgitter, 50 x 30 cm
- verzinkter Bindedraht, Ø ca. 0,35 mm
- oranger Papier-Deko-Draht, Ø 2 mm, 1,5 m lang
- oranges Geschenk-Papierband, 1,5 m lang
- Zapfen
- Trockengräser
- Zimtstange
- kleine Astscheiben
- Duftpotpourri
- braunes Islandmoos
- künstliche Lianen
- Eimer, Ø 6 cm als Teelichthalter
- braune Dekosteine

Zuschnitt des Drahtgitters

- Sohle, 6 x 15 Kästchen
- 2 Seitenteile, je 4 x 8 Kästchen
- Stiefelspitze, 3 x 6 Kästchen
- Lasche, 4 x 20 Kästchen
- Schaft, 15 x 21 Kästchen

Kleiner Herbststiefel

Größe S

(Abb. und Material siehe S. 16/17)

Zunächst beide Seitenteile mit Bindedraht rechts und links an der Sohle befestigen. Die obere Kästchen-Reihe jeweils leicht nach innen biegen. Danach die Stiefelspitze am Boden ansetzen und mit den Seitenteilen vernähen. Weitere Bindearbeiten mit dem Papier-Deko-Draht ausführen. Die Lasche einsetzen und mit der Stiefelspitze sowie den Seitenteilen zusammenbinden. Die frei bleibenden Kanten der Lasche weiter mit dem Papier-Deko-Draht als Schmuck umwickeln. Jetzt den Schaft mit Bindedraht an der Sohle befestigen. Dabei überlappt rechts bzw. links je eine Kästchen-Reihe die Seitenteile des Stiefels. Die Ferse halbrund (siehe Rundungen Seite 5) mit der Sohle zusammenbinden, überstehendes Drahtgitter abschneiden. Die entstehenden Drahtspitzen umbiegen. Die Kanten des Schaftes bis auf Höhe der Seitenteile mit dem Papier-Deko-Draht umwickeln. Ebenso den Rand der Stiefelöffnung. Nun das Geschenk-Papierband als Schnürsenkel über Kreuz einfädeln, den Stiefel zubinden und die Lasche ein wenig nach vorn umbiegen. Die Rundung bzw. Ecken der Stiefelspitze mit der Rundzange ausformen (siehe Grundanleitung Seite 5). Den Stiefel mit Duftpotpourri füllen. Mittig den Eimer hineinstellen, dabei auf einen sicheren Halt achten. Die Trockengräser zu kleinen Sträußen binden und um den Eimer setzen. Am Außenrand des Schaftes das Islandmoos fixieren, mit kleinen Astscheiben, Zapfen, Schleife sowie einer Zimtstange die Dekoration vollenden.

Küchen-Rondell

Material

- verzinktes Drahtgitter, 50 x 65 cm
- verzinkter Bindedraht, Ø ca. 0,35 mm
- naturfarbener Papier-Deko-Draht, Ø 2 mm, 5,5 m lang
- kariertes Schleifenband, 4 cm breit, 1 m lang
- Steckzwiebeln: braun, rot
- Knoblauchzehen
- 2 kleine Tontöpfe, Ø ca. 3,5 cm
- künstliche Lianen
- Silberflechte
- naturfarbenes Dschungelmoos
- naturfarbene Sisalwolle
- Pfefferkörner
- Suppengewürz
- 4 Reagenzgläser
- 4 runde Behälter, Ø ca. 10,5 cm

Zuschnitt des Drahtgitters

- Bodenplatte, 18 x 18 Kästchen
- 4 Seiten für die Mittelsäule, je 4 x 25 Kästchen
- Deckel und Boden für die Mittelsäule, je 4 x 4 Kästchen
- 4 Streifen für die Behälter, je 7 x 25 Kästchen

Zunächst die vier Seiten der Mittelsäule mit Bindedraht zusammennähen. Danach deren Boden andrahten. Die Streifen für die Behälter im Bogen an der Säule befestigen, indem immer zwei gleichzeitig mit je einer Ecke der Mittelsäule verbunden werden. Diesen Arbeitsschritt viermal wiederholen. Für eine bessere Stabilität sowie als Schmuck die Kanten der Mittelsäule mit dem Papier-Deko-Draht umwickeln. Ebenso die oberen und unteren Ränder der runden Behälter. Dabei diese jeweils über zwei Drahtgitter-Kästchen miteinander verbinden. Das Rondell auf die Bodenplatte stellen, sodass deren Ecken auf die Mitte der Behälter zeigen und die Säule schräg steht. Die Kanten der Bodenplatte mit dem Papier-Deko-Draht umwickeln und gleichzeitig die runden Behälter an den geraden Seiten annähen. Nun die Steckzwiebeln schichtweise in die Mittelsäule füllen und diese mit dem Deckel verschließen. Aus vierfach gelegtem Papier-Deko-Draht eine Kordel drehen und als Griff an der Säule befestigen. Die Reagenzgläser mit Pfefferkörnern und Suppengewürz gefüllt an die Ecken in unterschiedlicher Höhe binden. Zwischen den Behältern jeweils gegenüberliegend die kleinen Tontöpfe bzw. einige Knoblauchzehen auf der Bodenplatte fixieren. Dabei ein wenig Sisalwolle unter die Deko-Teile legen. Die Mittelsäule mit Lianen umwickeln und etwas Dschungelmoos sowie Silberflechte auf den Deckel kleben.

Großer Stuhl mit Korb

Stuhlhöhe, ca. 1 m

Material

- verzinktes Drahtgitter, 50 cm x 3 m
- verzinkter Bindedraht, Ø ca. 0,35 mm
- naturfarbener Papier-Deko-Draht, Ø 2 mm, 2 m lang
- Kokoskordel, 10 m lang
- Sisalwolle: naturfarben, dunkelbraun, je 250 g
- naturfarbener Bast, Moos, Jutestoff
- Silberflechte, Baumpilze
- Steckzwiebeln, Blütengirlande
- künstliche Luftwurzeln
- kleine Kieselsteine
- 2 Deko-Eimer, Pflanzgefäß

Zuschnitt des Drahtgitters

- 2 lange Stuhlbeine, je 19 x 80 Kästchen
- 2 kurze Stuhlbeine, je 19 x 40 Kästchen
- Ober- bzw. Unterteil der Sitzfläche, je 30 x 30 Kästchen
- 4 Seitenstreifen für die Sitzfläche, je 5 x 30 Kästchen
- 2 Rückenlehnen, je 7 x 22 Kästchen

Dieses Modell entsprechend der Anleitung des kleinen Stuhls anfertigen (siehe Seite 14/15).

Abweichungen: Bei dieser Größe für das Zusammenbinden aller Einzelteile verzinkten Bindedraht verwenden. Den Papier-Deko-Draht als Schmuck um die Kanten der Rückenlehnen wickeln. Für die Stuhlbein-Ausschnitte in der Sitzfläche an den Ecken des Ober- bzw. Unterteils je ein Drahtgitter-Kästchen stehen lassen, erst dann schneiden.

Bedingt durch seine Höhe benötigt dieser Stuhl eine größere Stabilität. Daher ist es ratsam, zunächst ein Stück Jutestoff auf die Standfläche der Stuhlbeine zu kleben. Danach diese bis auf Höhe der Sitzfläche mit Kieselsteinen befüllen. Den verbleibenden Hohlraum der hinteren Stuhlbeine sowie die Sitzfläche mit naturfarbener Sisalwolle ausstopfen. Für noch mehr Standfestigkeit auch den Boden der eingefügten Pflanzschale mit Steinen beschweren. Den unteren Teil der Stuhlbeine eng mit der Kokoskordel bewickeln und dabei locker nach oben führen. Die Kordel hin und wieder mit Heißkleber befestigen. Aus dunkelbrauner Sisalwolle zwei Kugeln formen und als Abschluss auf die hinteren Stuhlbeine setzen. Auf der Sitzfläche Moos, Silberflechte und Baumpilze fixieren. Mit den Luftwurzeln und einer Blütengirlande die Rückenlehnen verzieren. Die mit Steckzwiebeln befüllten Deko-Eimer anbinden. Zuletzt eine Bastschleife ans hintere Stuhlbein kleben.

Korb mit Dreieckseiten

Material

- verzinktes Drahtgitter, 50 x 45 cm
- verzinkter Bindedraht, Ø ca. 0,35 mm
- naturfarbener Papier-Deko-Draht, Ø 2 mm, 3,5 m lang
- Schleifenband, max. 1,2 cm breit, 4 m lang
- naturfarbene Sisalwolle, Baumrinde
- Islandmoos: braun, grün
- naturfarbenes Dschungelmoos
- 2 Steckzwiebeln, künstliche Lianen
- 2 kleine Tontöpfe, Ø ca. 4,5 cm
- 3 Pflanzgefäße

Zuschnitt des Drahtgitters

- Boden, 10 x 29 Kästchen
- 2 kurze Seitenteile, je 3 x 10 Kästchen
- 2 lange Seitenteile, je 14 x 29 Kästchen
- Henkel, 3 x 20 Kästchen

Ein langes Seitenteil des Korbes nach folgendem Muster beidseitig stufenartig schneiden (siehe Skizze S. 5). Die ersten drei Kästchen-Reihen unbearbeitet lassen. In der vierten Reihe beidseitig je drei Kästchen abschneiden. Es bleiben 23 Kästchen stehen. Jetzt stufenartig nach oben arbeiten und an beiden Seiten pro Reihe je ein Kästchen entfernen. Bei drei mittleren Kästchen diese Arbeit beenden (siehe Skizze Seite 5). Das andere lange Seitenteil ebenso fertigen. Nun alle vier Seitenteile am Boden mit Bindedraht befestigen. Offene Nähte schließen. Den Henkel ebenfalls mit Bindedraht an den stufenartigen Seitenteilen fixieren. Den Papier-Deko-Draht um die Kanten des Korbes, des Henkels sowie denen der Stufen wickeln. In die äußeren Kästchen-Reihen des Henkels zu beiden Seiten das Schleifenband einziehen und über die Seitenteile bis zum Boden weiterführen. Um den Korb herum ebenfalls durch zwei Reihen das Schleifenband flechten. Den Korbboden mit Sisalwolle auslegen. Die kleinen Tontöpfe mit Islandmoos, Dschungelmoos sowie je einer Steckzwiebel füllen und an die Enden des Henkels drahten. Auf zwei gegenüberliegende Ecken je ein Stück Baumrinde und etwas Islandmoos kleben. Die Lianen beliebig um den Henkel bzw. die Seiten wickeln.

Festliches in Orange

kleine Laterne

(ohne doppelten Boden und ohne Dach)

Material

- verzinkte Drahtgitter-Reste der großen Laterne
- orange Drahtkordel mit Goldfaden, Ø ca. 2 mm, 3 m lang
- oranges Schleifenband mit Goldrand, ca. 1 cm breit, 4 m lang
- Natur-Rindenband, ca. 2,5-3 m lang
- Kunsttanne
- naturfarbene Sisalwolle
- Zimtstange, Orangenscheibe
- Glas-Zapfen, Ø ca. 2 cm
- 2 kupferfarbene Kugeln, Ø ca. 2 cm
- Deko-Rose
- Zapfen, Sternanis
- kleine Astscheiben
- Teelichtglas

Zuschnitt des Drahtgitters

- Bodenplatte, 11 x 11 Kästchen
- 4 Seitenteile, je 11 x 15 Kästchen

Zunächst in die vier Seitenteile mittig einen Ausschnitt von 7 x 11 Kästchen schneiden, sodass an allen Rändern je zwei Kästchen-Reihen stehen bleiben. Nun die Seitenteile mit der Drahtkordel zusammenbinden und die Bodenplatte befestigen. Den oberen Rand der Laterne mit der Drahtkordel umwickeln. Das Schleifenband senkrecht bzw. waagerecht in die zweite Kästchen-Reihe (vom Rand aus gezählt) einziehen und fixieren. Die Laterne mit etwas Sisalwolle auskleiden, danach das Teelichtglas in die Mitte setzen. Nun die Kunsttanne anordnen und aufkleben. Die Orangenscheibe halbieren. Zusammen mit den Zapfen, Kugeln, kleinen Astscheiben sowie einer Deko-Rose auf dem Boden verteilen und fixieren. Das Natur-Rindenband gekreuzt vor den vier Ausschnitten andrahten. Den Rest doppelt legen, zu einer Kordel verdrehen und diese als Griff an der Laterne befestigen. Die Enden schneckenförmig aufrollen. Zwei Schleifen binden und an zwei sich gegenüberliegende Ecken ankleben. Die Schleifenmitten mit je einem Anisstern dekorieren.

Weihnachtliche Schuhmode

Schuh ca. 32 cm lang

Material

- verzinktes Drahtgitter, 50 x 70 cm
- verzinkter Bindedraht, Ø ca. 0,35 mm
- oranger Papier-Deko-Draht, Ø 2 mm, 2 m lang
- orange Kokoskordel, 2 m lang
- gebleichte Sisalwolle, 250-300 g
- halber Steckziegel
- 10er Lichterkette
- Zapfen, Kunsttanne
- 2 Deko-Kekse
- Trockengräser
- Zimtstangen, Orangenscheiben
- Baumflechte, Moos
- Teelichtglas
- Kupfer-Deko-Draht
- Sprühkleber, Flitter

Zuschnitt des Drahtgitters

- Sohle, 16 x 27 Kästchen
- Fuß-Oberteil, 14 x 22 Kästchen
- Fuß-Spitze, 3 x 16 Kästchen
- Schuhschaft, 14 x 40 Kästchen
- Schuhlasche, 10 x 14 Kästchen

Einzelne Arbeitsschritte laut Anleitung S. 4-5.

Der Schaft überlappt hier das Schuhoberteil auf beiden Seiten um je drei Drahtgitter-Kästchen. Vor dem Ausstopfen des Schuhs mit Sisalwolle zunächst die Lichterkette einziehen (siehe Nikolaus-Stiefel Größe L Seite 30/31).

Als Abschluss einen halben Steckziegel verdeckt einsetzen. Auf den Schaftrand sowie das Laschenende die Kokoskordel legen. Durch Umwickeln mit dem Papier-Deko-Draht befestigen. Auf das Schuhoberteil ein wenig Moos kleben. Die restliche Kokoskordel zu einer Schleife legen, in der Mitte mit Draht abbinden und auf dem Schuh fixieren. Danach diese mit kleinen Zapfen und Baumflechte dekorieren. Den Steckziegel mit Kunsttanne abdecken und mittig ein Teelichtglas platzieren. Jetzt die Kerzen der Lichterkette verteilen, evtl. mit Heißkleber an der Tanne fixieren. Die Trockengräser zu kleinen Sträußen binden und Lücken damit ausfüllen. Nun die Zimtstangen versetzt aufeinander kleben und schräg vor das Teelichtglas legen. Das restliche Deko-Material auf der Tanne anordnen.

Oranges Duo

Schlitten ca. 20 cm lang

Material

- verzinktes Drahtgitter, 50 x 15 cm
- orange Drahtkordel mit Goldfaden, Ø ca. 2 mm, 3 m lang
- oranges Schleifenband, ca. 1 cm breit, 3 m lang
- Kunsttanne, Erikamoos
- Zapfen, Zimtstange
- kleine Astscheiben, Sternanis
- Trockenblüten, Flowerhair
- Teelichthalter

Zuschnitt des Drahtgitters

- 2 Kufen, je 2 x 23 Kästchen
- 2 Stützen für die Sitzfläche, je 2 x 6 Kästchen
- Sitzfläche, 7 x 10 Kästchen

Diesen kleinen Schlitten laut Anleitung des Schlittens von Seite 27-28 fertigen.

Abweichungen:
Alle Bindearbeiten mit der Drahtkordel ausführen. Am hinteren Ende der Kufen zwei Drahtgitter-Kästchen freilassen, dann die erste Stütze über zwei Kästchen anbinden. Mit einem Zwischenraum von vier Kästchen die zweite Stütze fixieren. Für die Bögen der Kufen verbleiben je 13 Kästchen. Das Schleifenband in alle Kästchen-Reihen, außer denen der Stützen, einziehen. Auf die Sitzfläche den Teelichthalter sowie ein wenig Kunsttanne und Erikamoos kleben. Eine kleine Schleife binden und an einer Ecke des Schlittens anbringen. Restliche Deko-Teile beliebig anordnen und mittels Heißkleber fixieren. Zwischen den gebogenen Kufen evtl. noch einen Draht für ein Zugband befestigen.

Laterne ca. 50 cm hoch

Material

- verzinktes Drahtgitter, 50 cm x 1,5 m
- orange Drahtkordel mit Goldfaden, Ø ca. 2 mm, 14 m lang
- oranges Schleifenband mit Goldrand, ca. 1 cm breit, 9,5 m lang
- Kokoskordel, 2 m lang
- Natur-Rindenband, 4 m lang
- Kunsttanne, Moos
- naturfarbenes Dschungelmoos
- kleine Astscheiben
- Zimtstangen, Sternanis
- 5 Glas-Zapfen, Ø ca. 2 cm
- Orangenscheiben
- 2 kupferfarbene Kugeln, Ø ca. 8 cm und 6 cm
- Lotuskolben
- Sprühkleber, Flitter
- Flowerhair, 2 Deko-Rosen
- 10er Lichterkette

Zuschnitt des Drahtgitters

- 2 Bodenplatten, 1 Dach, je 19 x 19 Kästchen
- 4 Seitenteile, je 19 x 40 Kästchen

In die vier Seitenteile mittig einen Ausschnitt von je 13 x 34 Kästchen schneiden, sodass an allen Rändern je drei Kästchen-Reihen stehen bleiben. Nun die Seitenteile mit der Drahtkordel zusammenbinden. Danach eine Bodenplatte sowie das Dach befestigen. In die mittlere Kästchen-Reihe der Seitenteile senkrecht bzw. waagerecht das Schleifenband einziehen und fixieren. Die Laterne bis auf Ausschnitthöhe mit kleinen Zapfen füllen. Jetzt die zweite Bodenplatte auflegen und mit der Drahtkordel anbinden. Hierfür am unteren Ausschnittrand beginnen und die restlichen drei Kanten der Öffnung fortlaufend umwickeln. Diesen Vorgang an allen Seitenteilen wiederholen. Das Natur-Rindenband doppelt legen, zu einer Kordel verdrehen und oben an der Laterne als Griff andrahten. Die Enden seitlich überstehen lassen und schneckenförmig aufrollen.

(Fortsetzung siehe S. 26)

Laterne

(Fortsetzung von S. 24/25)

Die Laterne mit Tanne auskleiden sowie eine Lichterkette einlegen und fixieren. Zuleitungen mit Dschungelmoos bzw. Moos abdecken. Zapfen, Zimtstangen, Sternanis, Orangenscheiben, Glaszapfen und Lotuskolben platzieren. Die Kokoskordel vorsichtig aufdrehen und gekreuzt vor den Ausschnitten befestigen. Entstandene Klebestellen mit etwas Moos bzw. kleinen Astscheiben kaschieren. An je zwei sich gegenüberliegenden oberen Ecken einige Tannenspitzen kleben und je eine gebundene Schleife mit langen Bändern platzieren. Die verbleibenden Ecken mit Moos und je einer Deko-Rose schmücken. Vom Dach der Laterne Band bzw. ein Stück Drahtkordel ins Innere herunterhängen lassen. Daran in unterschiedlicher Höhe die Glas-Zapfen bzw. Kugeln befestigen. Nun ein wenig Moos, Orangenscheiben und Zapfen auf das Dach kleben. Etwas Sprühkleber verteilen und Flitter aufstreuen. Zuletzt noch einige Fäden Flowerhair auflegen.

Tipp!

Bei der Fertigung einer Laterne nach dieser Anleitung bleibt automatisch ein Drahtgitter-Rest für die Laterne von Seite 22 übrig.

Weihnachtszauber

Kupferfarbener Stern

Material

- 2 verzinkte Drahtgitter-Stücke, je 39 x 39 Kästchen
- verzinkter Bindedraht, Ø ca. 0,35 mm
- kupferfarbenes Schleifenband, 2,5 cm breit, 12 m lang
- kupferfarbenes Schleifenband, 8 mm breit, 3 m lang
- naturfarbene Sisalwolle, 350-400 g
- große Kugel, Ø ca. 8 cm
- 4 Teelichtgläser, 10er Lichterkette
- Kunsttanne, Zapfen
- 4 Deko-Rosen
- je 2 Apfelscheiben, Orangenscheiben
- Erikamoos, Zimtstange
- Sprühkleber, Flitter
- Flowerhair

Abkürzungen im folgenden Text

MK: Mittelkästchen
DS: Drahtgitter-Stücke
KR: Kästchen-Reihen

An allen Seiten der beiden DS in den äußersten Reihen das MK bestimmen. Bei diesem Stern ist es das 20. Von dort aus zur Mitte hin je Seite 12 Kästchen herausschneiden. Dabei den Draht möglichst nah an den Verbindungspunkten durchtrennen. Das 2,5 cm breite Schleifenband zur Hälfte legen und in eines der beiden DS (Sternoberteil) nach folgendem Muster einflechten: Vom Rand aus zwei KR abzählen, durch die 3. Reihe das Band ziehen. Dabei dieses über das fehlende MK weiterführen. An den Rändern das Band je ca. 1 cm überstehen lassen, dann abschneiden. Wiederum 2 KR freilassen und durch die 6. Reihe das Band ein zweites Mal durchziehen. Nach einem weiteren Zwischenraum von fünf KR die 12. Reihe ein letztes Mal durchflechten. Nun auf der gegenüberliegenden Seite das Band ebenso einziehen. Beim Durchflechten der verbleibenden 2 Seiten kreuzen sich die Bandstreifen. An den Stellen der herausgeschnittenen MK die Bänder durchschneiden. Nun alle Bandenden, auch die an den Rändern, um den Draht legen und mit Heißkleber fixieren. Für die 4 Sternspitzen jeweils die Seiten der Ecken in Tütenform nach oben biegen und die Nähte mit Bindedraht schließen. In das 2. DS (Sternunterteil) kein Band einziehen. Wiederum 4 Spitzen, wie beschrieben, formen. Hierfür die Nähte mit dem 2,5 cm breiten Band, beginnend an den Sternspitzen, zusammenwickeln. Am Ende das Band fixieren jeweils ca. 6-8 cm überstehen lassen.

(Fortsetzung siehe nächste Seite)

Schlitten

(Material + Anleitung siehe S. 28)

Schlitten (Abb. siehe S. 27)

ca. 28 cm lang

Material

- verzinktes Drahtgitter, 50 x 25 cm
- verzinkter Bindedraht, Ø ca. 0,35 mm
- naturfarbener Papier-Deko-Draht, Ø 2 mm, 80 cm lang
- kariertes Schleifenband, 2,5 cm breit, 3 m lang
- gestreiftes Schleifenband, ca. 7 mm breit, 4 m lang
- Kunsttanne
- Zimtstangen, Zapfen
- Kugeln, Ø ca. 2 cm
- Deko-Keks, Orangenscheiben
- Kupfer-Deko-Draht, Teelichthalter
- Kantenhocker, Weihnachtsmann

Zuschnitt des Drahtgitters

- 2 Kufen, je 3 x 32 Kästchen
- 4 Stützen für die Sitzfläche, je 3 x 9 Kästchen
- Sitzfläche, 11 x 16 Kästchen

Zuerst die Stützen für die Sitzfläche gleichmäßig in U-Form biegen. Danach je zwei an den Kufen folgendermaßen mit Bindedraht befestigen:

Am hinteren Ende mit dem Auszählen beginnen. Das 5. bis 7. bzw. das 14. bis 16. Drahtgitter-Kästchen mit je einer Stütze zusammennähen. Es verbleiben je 16 Kästchen für die Bögen der Kufen. Nun die Sitzfläche mittig auf die Stützen setzen und mit Bindedraht befestigen. Alle Drahtkanten, außer denen der Stützen, mit dem gestreiften Band umwickeln. Dabei gleichzeitig die Bögen der Kufen an der Sitzfläche anbinden. Das karierte Band zur Hälfte legen und durch die mittlere Kästchen-Reihe der Kufen ziehen. Den Verlauf auf der Sitzfläche fortsetzen. Beidseitig davon noch je eine weitere Reihe Schleifenband auf der Sitzfläche einziehen.

Die Kunsttanne aufkleben und einen Teelichthalter platzieren. Danach die Zapfen, Kugeln, Zimtstangen sowie den Deko-Keks verteilen und mit Heißkleber fixieren. Eine Schleife binden und seitlich auf den Schlitten setzen.

Zwischen den Bögen der Kufen einen Draht befestigen. Aus dem vierfach gelegten Papier-Deko-Draht eine Kordel drehen und daran fixieren. Der Weihnachtsmann kann nun auf dem Schlitten Platz nehmen. Kupfer-Deko-Draht über die Dekoration gespannt setzt zusätzlich Akzente.

Kupferfarbener Stern

(Fortsetzung von S. 27)

Die Spitzen des Unterteils und das Mittelteil mit Sisalwolle ausstopfen. Das Sternoberteil bleibt ungefüllt. Beide Teile versetzt aufeinander legen, sodass 8 gleichförmige Spitzen entstehen. Dabei zeigen die Nähte des Unterteils nach oben, die des Oberteils nach unten. Die 6-8 cm langen Bandenden liegen frei. Die Sternhälften folgendermaßen miteinander verbinden: Jeweils in das geschlossene MK zwischen zwei Sternspitzen des Oberteils das freiliegende Band des Unterteils einfädeln, die untere Spitze damit straff anziehen und das Band verknoten. Danach den Stern wenden. Nun mittels Bindedraht die Sternspitzen des Oberteils auf gleiche Weise mit dem Unterteil zusammenfügen. Den Stern erneut umdrehen und dekorieren. Mittig eine kleine Öffnung herausschneiden, damit die aufzuklebende Kugel besser haftet. Die vier Teelichtgläser auf dem Stern fixieren. Eine Lichterkette auflegen, die Zuleitungen mit Kunsttanne abdecken und die Kerzen verteilen. Verbleibende Zwischenräume mit Erikamoos füllen. Die Apfel- bzw. Orangenscheiben, Zapfen sowie die gebrochene Zimtstange anordnen und fixieren. Aus den restlichen Schleifenbändern je vier doppelte Schleifen binden, aufeinander drahten und auf die Befestigungspunkte der unteren Spitzen setzen. In die Mitte der Schleifen je eine Deko-Rose platzieren. Mit Sprühkleber ein wenig Flitter auf den Stern bringen. Einige Fäden Flowerhair vollenden die Dekoration.

Stern mit Zapfen gefüllt

Material

- 2 verzinkte Drahtgitter-Stücke, je 25 x 25 Kästchen
- verzinkter Bindedraht, Ø ca. 0,35 mm
- bordeauxrotes Schleifenband, ca. 1,2 cm breit, 3,5 m lang
- rote Drahtkordel mit Goldfaden, Ø ca. 2 mm, 1,5 m lang
- dunkelgrüne Sisalwolle, 150-200 g
- Zapfen, Kunsttanne
- Natur-Rindenband
- 3 rote Äpfel, Ø ca. 2,5 cm
- Zimtstangen, Orangenscheiben
- Lotuskolben, rote Beeren
- Sternanis, Flowerhair
- Teelichtglas

Den Stern laut Grundanleitung von Seite 4/5 fertigen. Die mittleren Kästchen hier in einer Höhe von acht Kästchen herausschneiden.

Flechtmuster:

Vom Rand zwei Kästchen-Reihen freilassen, in die 3. Reihe das Band einziehen. Mit einem Zwischenraum von zwei Kästchen-Reihen nun die 6. Reihe durchflechten. Das Sternunterteil mit Sisalwolle stopfen. Die Sternspitzen des Oberteils mit Zapfen befüllen. Beide Teile laut Grundanleitung von Seite 4/5 zusammenfügen. Das Teelichtglas mittig fixieren und die Tanne aufkleben. Die kleinen Äpfel zur Gruppe anordnen. Eine Schleife binden und mit dem restlichen Deko-Material auf dem Stern platzieren. Das Natur-Rindenband befestigen und beliebig um die Dekoration spannen. Zuletzt ein wenig Flowerhair auflegen.

Nikolausstiefel

Größe L ca. 40 cm hoch

Material

- verzinktes Drahtgitter, 50 x 80 cm
- rote Drahtkordel mit Goldfaden, Ø ca. 2 mm, 5 m lang
- rotes Schleifenband, 2,5 cm breit, 2,5 m lang
- weißes Vlies, ca. 20 cm breit, ca. 55 cm lang
- rote Sisalwolle, 500-600 g
- weiß-goldene Kordel, Ø ca. 6 mm, 4 m lang
- 10er Lichterkette
- Kunsttanne, Moos, Zimtstangen
- Steckziegel, Erikamoos
- je 2 Kugeln, Ø ca. 2 cm und Ø ca. 3 cm
- 6 Deko-Kekse, Zapfen
- Orangenscheiben, Beeren
- Messing-Deko-Draht, Deko-Herz
- Sprühkleber, Flitter
- Flowerhair, Kantenhocker

Zuschnitt des Drahtgitters

- Sohle, 12 x 27 Kästchen
- 2 Seitenteile, je 8 x 14 Kästchen
- Stiefelspitze, 6 x 12 Kästchen
- Lasche, 8 x 38 Kästchen
- Schaft, 30 x 40 Kästchen

Einzelne Arbeitsschritte laut Anleitung Größe S Seite 18/19. **Abweichungen:** Die Einzelteile dieses Stiefels ausschließlich mit einer Drahtkordel verbinden. An den beiden Seitenteilen oben je zwei statt einer Kästchen-Reihe leicht nach innen biegen. Der Schaft überlappt die Seitenteile hier um vier Kästchen. Den Rand der Stiefelöffnung mit einem Streifen Vlies einfassen. Aus der weiß-goldenen Kordel einen Zopf mit sechs Strängen flechten und unter dem Vliesrand fixieren. Die Kerzen der Lichterkette vor dem Ausstopfen einzeln an der Sohle durch das mittlere Drahtgitter-Kästchen des Schaftes ziehen und oben über den Stiefel hängen. Die Zuleitung später mit der Sisalwolle verdecken. Nun den Nikolaus-Stiefel ausstopfen, dabei den Steckziegel im Schaft verdeckt einarbeiten. Von der Mitte ausgehend die Kunsttanne mit Heißkleber fixieren. Die Kerzen der Lichterkette gleichmäßig verteilen. Nun die Kugeln, Zimtstangen, Beeren, Zapfen etc. platzieren. Verbleibende Zwischenräume mit Erikamoos füllen. Den Messing-Deko-Draht befestigen und beliebig über die Dekoration spannen. Mit Sprühkleber Flitter aufbringen sowie durch Flowerhair Akzente setzen. Die Zapfen bzw. Deko-Kekse andrahten und vom Stiefelrand hängen lassen. Der Kantenhocker nimmt auf dem Stiefel Platz.

Nikolausstiefel

Größe XL ca. 50 cm

Material

- verzinktes Drahtgitter, 50 cm x 1,5 m
- rote Drahtkordel mit Goldfaden, Ø ca. 2 mm, 6 m lang
- rotes Schleifenband, 2,5 cm breit, 3 m lang
- weiß-goldene Kordel, Ø ca. 6 mm, 5 m lang
- weißes Vlies, ca. 25 cm breit, ca. 80 cm lang
- rote Sisalwolle, 700-800 g
- Kunsttanne, 2 Steckziegel
- 10er Lichterkette
- Zweigbündel, Beeren
- Moos, Erikamoos
- naturfarbenes Dschungelmoos
- 3 Zimtstangen, Sternanis
- Lotuskolben, Zapfen
- Baumpilze, kleine Astscheiben
- 2 Kugeln, Ø ca. 3 cm, 3 Kugeln, Ø ca. 2 cm
- roter Organzastoff-Beutel
- 2 kleine Deko-Kränze, Deko-Kekse
- Nikolaus-Kopf, Deko-Schaukelpferd
- roter Deko-Draht

Zuschnitt des Drahtgitters

- Sohle, 16 x 38 Kästchen
- 2 Seitenteile, je 10 x 18 Kästchen
- Stiefelspitze, 8 x16 Kästchen
- Lasche, 12 x 48 Kästchen
- Schaft, 40 x 56 Kästchen

Das XL-Modell laut Anleitung des Stiefels Größe L fertigen. **Abweichungen:** Der Schaft überlappt die Seitenteile hier um fünf Kästchen. Diesmal zwei Steckziegel verdeckt einsetzen.

Stern mit kariertem Schleifenband

Material

- 2 verzinkte Drahtgitter-Stücke, je 29 x 29 Kästchen
- verzinkter Bindedraht, Ø ca. 0,35 mm
- kariertes Schleifenband, 2,5 cm breit, 7,5 m lang
- braunes Satinband, ca. 7 mm breit, 2,5 m lang
- dunkelbraune Sisalwolle, 200-250 g
- Zapfen, kleine Astscheiben
- Kunsttanne, Erikamoos
- Zimtstange, 4 Anissterne
- 4 Teelichthalter
- 3 Kugeln, Ø ca. 2,5 cm
- Orangenscheibe, Flowerhair
- naturfarbener Papier-Deko-Draht, Ø ca. 0,8 mm

Den Stern laut Grundanleitung von Seite 4/5 und „kupferfarbener Stern" S. 26 ff fertigen.

Die mittleren Kästchen hier in einer Höhe von neun Kästchen herausschneiden.

Flechtmuster: Vom Rand zwei Kästchen-Reihen freilassen, in die 3. Reihe das Band einflechten. Mit einem Zwischenraum von zwei Kästchen-Reihen nun die 6. Reihe durchflechten. Wieder zwei Kästchen-Reihen freilassen und das Band ein letztes Mal durch die 9. Reihe ziehen. Weiterarbeiten nach der Anleitung vom kupferfarbenen Stern. Alle Spitzen, auch die des Sternoberteils, hier mit schmalem Satinband zusammenbinden. Die Spitzen des Unterteils mit Sisalwolle stopfen, die des Oberteils bleiben ungefüllt. Aus dem karierten Band vier Schleifen binden. Diese sowie die vier Teelichthalter auf dem Stern fixieren. Von der Mitte ausgehend die Kunsttanne aufkleben und Zwischenräume mit Erikamoos füllen. Das Deko-Material anordnen und ebenfalls fixieren. Mit naturfarbenem Papier-Deko-Draht beliebig umwickeln und etwas Flowerhair auflegen.

Duftender Stern

Material

- 2 verzinkte Drahtgitter-Stücke, je 19 x 19 Kästchen
- verzinkter Bindedraht, Ø ca. 0,35 mm
- kupferfarbenes Schleifenband, 2,5 cm breit, 1 m lang
- kupfer-goldfarbenes Schleifenband, ca. 1 cm breit, 5,5 m lang
- naturfarbene Sisalwolle, 100-150 g
- Kunsttanne, Zapfen
- Deko-Kekse, Sternanis
- kleine Astscheiben
- Zimtstange, Orangenscheiben
- Deko-Schnee, Flowerhair
- Kupfer-Deko-Draht
- Duftpotpourri, Teelichtglas

Den Stern laut Grundanleitung von S. 4/5 und „kupferfarbener Stern" S. 26 ff fertigen.

Diesmal die mittleren Kästchen in einer Höhe von sechs Kästchen herausschneiden.

Flechtmuster: Vom Rand drei Kästchen-Reihen freilassen, in die 4. Reihe das 1 cm breite Band einziehen. Mit einem Zwischenraum von einer Kästchen-Reihe nun die 6. Reihe durchflechten. Das Sternunterteil mit Sisalwolle stopfen. Die Spitzen des Sternoberteils mit Duftpotpourri befüllen. Beide Sternhälften zusammenfügen, siehe Anleitung Seite 26 ff. Das Teelichtglas fixieren und die Kunsttanne von der Mitte ausgehend aufkleben. Aus dem kupferfarbenen Schleifenband vier einzelne Schlaufen legen, abbinden und vor die Befestigungspunkte kleben. Den Deko-Keks fixieren und das restliche Deko-Material anordnen. Ein wenig Deko-Schnee sowie Flowerhair aufbringen. Zuletzt über den Stern den Kupfer-Deko-Draht beliebig spannen.